AF324551

EDICT DV ROY,

PORTANT CREATION

de cent mil liures de rente ſur les Gabelles de Lyonnois, outre les 34360.
liu. cy-deuant creées. Et creation de
trois Receueurs generaux & Payeurs
deſdites rentes, Receueurs des Conſi-
gnations, depoſitaires des debets de
quittances & Greffiers des Immatricules : Et trois Controlleurs generaux,
Auec les charges de Commis y jointes.

Verifié en la Chambre des Comptes & Cour
des Aydes le 20. Decembre 1635.

A PARIS,

Par ANTOINE ESTIENE, P. METTAYER,
C. PREVOST & P. ROCOLET, Impri-
meurs ordinaires du Roy.

M. DC. XXXVI.

Auec Priuilege de ſa Maieſté.

LOVIS par la grace de Dieu Roy de France & de Nauarre, A tous presens & à venir, Salut. Chacun sçait les grandes despenses que nous auons esté contraint supporter depuis nostre aduenement a la Couronne, pour maintenir nostre authorité & dissiper les factions des ennemis de cest Estat: Et comme pour y satisfaire, nous auons de temps en temps fait plusieurs allienations de nos domaines & reuenus ; nous auions toujours esperé, que ces despenses & les causes d'icelles, cesseroient : & que nos ennemis lassez de la prosperité de nos Armes, quitteroient leurs pernicieux desseins. Mais lors que nous esperions vne bonne & asseurée paix, nos

A

voisins Estrangers, jaloux de nostre gloire, nous ont fomenté de nouueaux sujets qui nous ont obligé, à nostre grand regret, à la continuatió de la guerre, & à l'entretenement de diuerses armées que nous auós mises sus, tant pres de nos places frontieres que hors nostre Royaume, pour le garentir de leurs entreprises & inuasions. Pour satisfaire à la solde & payement desquelles armées, nous n'auós point trouué de moyens plus doux & moins à charge à nos subjets ny à nos finances, que d'alliener quelques rétes sur l'Hostel de nostre ville de Lyon, aux habitans de ladite ville & autres nos subjets, qui de gré à gré les voudront acquerir, à prendre sur les deniers de nostre Ferme des Gabelles de Lyonnois, ditte la part du Royaume, ainsi qu'il a esté fait sur la Ferme des Gabelles de France en no-

ſtre ville de Paris. A CES CAVSES,
Sçauoir faiſons, Q'rʼapres auoir mis
ceſte affaire en deliberation en noſtre
Conſeil, où eſtoient aucuns Princes de noſtre ſang, autres Princes
Officiers de noſtre Couronne, & autres grands & notables perſonnages:
DE LʼADVIS DʼICELVY, & de
noſtre propre mouuement, plaine
puiſſance & authorité Royale, Nous
auons par le preſent Edict perpetuel
& irreuocable; dit, ſtatué & ordonné, diſons, ſtatuons & ordonnons,
Que par perſonnes deuement quali-
fiées que nous commettrons, il ſera
vendu & allienné aux Preuoſt des
Marchands & Eſcheuins de noſtre
ville de Lyon, iuſqu'à la ſomme de
cent mil liures de rente annuelle &
perpetuelle, à icelle auoir & prendre
ſur les deniers de nos Gabelles & Gre-
niers à Sel dependans de la Ferme des

Gabelles de Lyonnois, ditte la part
du Royaume , outre & par deſſus
trente-quatre mil trois cens ſoixante
liures de rente par nous cy-deuant
crées ſur leſdites Gabelles par noſtre
Edict du mois deSeptembre dernier.
Leſquels deniers de nos Gabelles,
nous auons dés à preſent declarez &
declarons, ſpecialement & reellemét
affectez, obligez & hypothecquez au
payement & continuation deſdites
rentes. Deſquels cent mil liures de
rente , nous voulons & entendons
les conſtitutions particulieres eſtre
faites par les Preuoſt des Marchands
& Eſcheuins de ladite ville de Lyon,
aux particuliers habitans d'icelle &
autres nos ſubjets, qui volontaire-
ment les voudrót acquerir. Pour deſdites rentes jouïr par les acquereurs
d'icelles, leurs hoirs, ſucceſſeurs &
ayans cauſe, plainement & paiſible-

ment comme de leur propre chose,
vray & loyal acqueſt, en vertu des
Contracts de conſtitution qui leur
en ſeront faits & paſſez par leſdits
Preuoſt des Marchands & Eſcheuins
de noſtre ville de Lyon : Et en eſtre
doreſnauant payez par chacun an, de
quartier en quartier, tout ainſi & en
la meſme forme & maniere que ſe
payent les nouuelles rentes conſti-
tuées ſur noſtre Hoſtel de ville de Paris, aſſignées ſur la Ferme generale
des Gabelles de France, en vertu des
quittances deſdits acquereurs, que
nous voulõs eſtre paſſées & alloüées
en la deſpenſe des Comptes de ceux
qui en feront le payement, ſans diffi-
culté. Leſquelles rentes ne pourront
eſtre retranchées ny moderées pour
quelque cauſe & occaſió que ce ſoit,
ny les acquereurs d'icelles depoſſe-
dez, ſinó en les rembourſant actuel-

lement comptât à vn seul payement, des sommes entieres contenuës esdits Contracts, ensemble des arrerages qui leur en seront deus lors dudir rachapt, frais & loyaux cousts. Lesquels Contracts nous auons des à present validez & authorisez, validons & authorisons par ces presentes, comme s'ils estoient faits & passez en nostre Conseil. Pour faire la recepte & payement desquelles rentes, Nous auons par ledit present Edict, creé & erigé en tiltre d'offices formez & hereditaires, Trois nos Conseillers Receueurs generaux & Payeurs audit Hostel de ville de Lyó, desdits cens trente-quatre mil trois cens soixáte liures de rentes, & autres qui serót constituées à l'aduenir sur lesdites Gabelles: Receueurs des Cósignations, depositaires des deniers procedans des debets de quittances desdites

defdites rentes, & Greffiers des immatricules, defcharges de quittances, re-
giftrement de faifies, Arrefts & main-
leuées d'icelles, y joints & vnis: fans
que pour raifon des enregiftremens
& immatricules, il leur foit permis de
prendre aucune chofe à peine de con-
cuffion: Et trois nos Cófeillers Controlleurs generaux hereditaires defdites rentes, auec les charges de Commis auffi y jointes & vnies. Pour eftre
dès à prefent par nous pourueu auf-
dits Offices, de perfonnes capables, &
cy apres, fur la demiffio des pourueus
d'iceux, leurs vefues & heritiers: Pour
par lefdits pourueus, exercer lefdits
Offices triennalement & en jouïr he-
reditairement, enfemble leurs fuccef-
feurs & ayans caufe: aux gages; Sçauoir lefdits Receueurs Payeurs de
trois mil liures chacũ par an: & lefdits
Controlleurs & Commis y joints, de

mil liures aussi chacun par an : & aux exemptions des Aydes, Tailles & autre subcides : & mesmes honneurs, authoritez, pouuoir, fonctions & priuileges, attribuez & dont jouïssent les Receueurs generaux payeurs des rentes cy-deuant constituées audit Hostel de ville de Paris, & Controlleurs generaux d'icelles: Sans que lesdits Offices puissent estre censez & reputez domaniaux, ny subjets à reuente, suppression ou remboursement : ains sur la simple demission desdits pourueus, leurs vefues & heritiers, il y sera par nous pourueu, sans payer autre finance que le droict de marc d'or. Les pourueus desquels Offices de Receueurs Payeurs & leurs successeurs, nous auons deschargez & dispensez de bailler caution & certificateurs pour lesdits Offices, attendu l'heredité d'iceux, à la charge qu'ils

demeureront specialement affectez
& obligez à la seureté & payement
des deniers de leur maniement. Ac-
CORDONS ausdits Receueurs &
Controlleurs, és mesmes décharges
& facultez que nous auons accordées
ausdits Receueurs & Controlleurs
generaux des rentes audit Hostel de
ville de Paris, par nostre Edict du
mois de Ianuier 1634. sans aucunes
excepter ny reseruer, encores que le
tout ne soit cy par le menu specifié &
declaré. Par les mains desquels, Receueurs Payeurs presentement creez,
chacun en son esgard, ou de Maistre
Pierre Romanel par nous à ce cómis
en attendant la prouision d'iceux ; les
acquereurs receuront les rentes qui
leur seront cóstituées par lesdits Pre-
uost des Marchands & Escheuins de
la ville de Lyon en l'Hostel de ladite
ville, aux termes susdits, à cómencer

du iour & datte des constitutiós particulieres, qui en seront faites sur les
regiftres desdites constitutions, qui
seront pour ce baillez par lesdits Pre-
uost des Marchands & Escheuins,
suiuant l'ordre prescrit & accoustumé
en nostredite ville de Paris. Et à cet
effet, le fonds desdites rentes sera em-
ployé en despense és estats de nostredite ferme des Gabelles de Lyonnois
de la presente année & suiuantes : Et
les Fermiers d'icelles contraints par
les voyes accoustumees pour nos deniers & affaires, d'en faire le payemét
par chacũ quartier ausdits Receueurs
Payeurs, chacũ en l'année de leur exercice, ou audit Commis au payement
d'icelles, sous leurs escroués & con-
traintes. Les acquereurs desquelles
rentes, payerót en deniers comptans
lors desdites constitutiós, le prix prin-
cipal d'icelles, à la raison du denier

dix-huict. Pour les deniers en prouenans, estre receus par ledit Romanet, & par luy payez és mains du Tresorier de nostre Espargne, pour estre par luy employez ainsi qu'il luy sera par nous ordonné. Ausquels Receueurs Payeurs sera fait fõds de leursdits gages & de ceux desdits Controlleurs & leurs Commis y joints, ensemble des espices, fraiz, façõ & reddition de cõpte desdits Receueurs Payeurs, tant pour la presente année que les suiuantes, outre & par dessus lesdites rentes, & des espices, fraiz, façon & reddition de compte desdites constitutions. ATTRIBVONS à chacun desdits Receueurs Payeurs, la somme de quinze cens liures en l'année d'exercice seulement, pour les escritures, façon & reddition de leurs comptes & doubles d'iceux. Lesquels comptes ils pourront faire & dresser ou faire

dreſſer, ainſi que font les Receueurs
Payeurs des rétes en noſtredit Hoſtel
de ville de Paris, ſans que les Procu-
reurs de noſtre Chambre des Cóptes
y puiſſent pretendre aucune choſe
ſuiuant noſtre Edict du mois de Mars
1624. SI DONNONS EN MANDE-
MENT à nos amez & feaux Conſeil-
lers les Gens de nos Cóptes & Cour
des Aydes à Paris, Preſidens & Tre-
ſoriers generaux de France à Lyon,
& autres nos Officiers qu'il appar-
tiendra, Que les preſentes ils facent
lire, publier & regiſtrer, garder & ob-
ſeruer inuiolablemét, ſans permettre
ne ſouffrir qu'il y ſoit contreuenu,
ceſſans & faiſans ceſſer tous troubles
& empeſchemens quelconques, non-
obſtant tous Edicts, Declarations,
Arreſts, & autres choſes contraires,
auſquelles & à la deſrogatoire des
deſrogatoires, nous auons deſrogé &

desrogeons par ces presentes, à la co-
pie desquelles deuément collation-
née par l'vn de nos amez & feaux
Conseillers & Secretaires , voulons
foy estre adjoustée comme à l'origi-
nal : C A R tel est nostre plasir. Et afin
que ce soit chose ferme & stable à
toujours, nous auons fait mettre nostre seel à cesdites presentes, sauf en
autre chose nostre droict , & l'autruy
en toutes. DONNE' à Paris au mois
de Ianuier, l'an de grace mil six cens
trente-cinq, & de nostre regne le
vingt-cinquiéme. Signé, LOVIS, &
plus bas, Par le Roy, DE LOMENIE,
à costé, visa, & seellées sur lacs de
soye rouge & verte, du grand Seau
de cire verte. Et encor est écrit:

*Leu , publié & registré en la Chambre des
Comptes, Oüy le Procureur General du Roy,
par Monsieur le Duc d'Orleans, Frere Vnique
de sa Majesté , venu expres en ladite Chambre,*

assisté du Sieur Mareschal d'Estrée, & des
Sieurs Aubery & Colmoulins, Conseillers de
sadite Majesté en ses Conseils ; le vingtiesme
iour de Decembre mil six cens trente-cinq.
Signé, GOBELIN.

Leu, publié & registré par le commande-
ment du Roy, porté par Monsieur Frere Vnique
de sa Majesté, Duc d'Orleans, assisté du Sieur
d'Estrée, Mareschal de France, & des Sieurs
Aubery & Colmoulins, Conseillers en ses Conseils d'Estat & Priué ; Oüy & ce requerant
son Procureur General. A Paris en la Cour des
Aydes les Chambres assemblees, le vingtiesme
iour de Decembre mil six cens trente-cinq.
Signé, BOVCHER.

Collationné aux Originaux par moy Conseiller
Secretaire du Roy & de ses Finances.